Género Drama

I0799053

Pregunta esencial

¿Qué nos enseñan los mitos?

DEMÉTER y PERSÉFONE

Introducción

Hace mucho tiempo, todos los pueblos relataban historias sobre dioses y diosas. Estas historias, llamadas mitos, ayudaban a explicar misterios de la naturaleza, como la diferencia entre la calidez de la primavera y el frío del invierno. Eso es precisamente lo que hace el mito de Deméter y Perséfone, que aquí está escrito en forma de drama. Desde la primera escena, el público se transporta en el tiempo hasta la antigua Grecia.

Personajes

CAMPESINO
PERSÉFONE
DEMÉTER
HADES
ALDEANO 1
ALDEANO 2
HELIOS
NIÑO CAMPESINO
ZEUS

Primera escena

La adorable Perséfone

La diosa Deméter está en su trono, en un bello jardín en un prado. Sentada a sus pies está su hija Perséfone, con una guirnalda de flores en las manos. Por todas partes hay árboles y flores. Un campesino sale al escenario y se dirige al público.

CAMPESINO: En la antigua Grecia hubo un tiempo en el que la Tierra estaba cubierta de verde durante todo el año. Deméter, la diosa de la cosecha, cuidaba los campos junto a su hija Perséfone. En aquella época los árboles eran altísimos, los prados siempre estaban florecidos y había frutas maduras por todas partes. Pero ese tiempo ya no existe. Hoy la Tierra se cubre de verde solo durante una parte del año. Después llega el frío que congela los cultivos e impide que germinen las semillas. El mito de Deméter y Perséfone explica a qué se debió este cambio.

PERSÉFONE: *(bailando en el prado)* ¡Madre, no hay nada mejor que ver cómo se abren las flores a mi paso!

DEMÉTER: *(riendo)* ¡Oh, mi niña, a las flores les encanta abrirse para ti! En cada lugar que pisas, brota una flor. Cuando tu aliento toca un cerezo, los capullos se apresuran a convertirse en dulces frutas de color carmesí. ¡Los árboles crecen hasta el cielo solo para hacerte feliz!

(Mientras Deméter atiende sus cultivos, Perséfone se aleja cantando.)

PERSÉFONE: *(cantando)* Por donde paso brotan flores coloridas. ¿Qué más puedo desear en esta vida? Con pétalos azules, rojos y rosados, se viste de gala el verdor de los prados.

CAMPESINO: *(moviendo la cabeza con expresión triste)* Ese día, mientras corría y cantaba por el prado, Perséfone se alejó de Deméter. En un abrir y cerrar de ojos, Hades, el dios de los muertos, salió del inframundo en su carro oscuro y la agarró de un brazo.

PERSÉFONE: *(sobresaltada)* ¡No! ¡Suéltame! ¡Te exijo que me sueltes!

HADES: ¡Tú vendrás conmigo porque quiero que seas mi reina!

CAMPESINO: *(al público)* Yo era apenas un niño, pero lo recuerdo como si fuera hoy. Ese día andaba por el prado cuidando de mis cerdos. ¡Los vi caer uno por uno en la sinuosa grieta que abrió el carro de Hades! Y un instante después vi cómo la Tierra volvía a tragarse a Hades con la pobre Perséfone agarrada de un brazo.

Segunda escena

Perséfone en el inframundo

Perséfone llora en su habitación del inframundo, que es la tierra de los muertos y el reino de Hades. Es un sitio oscuro, donde jamás llega la luz del sol ni crecen las flores. Todos los días, Hades le ofrece a Perséfone una granada, la única fruta que crece en el inframundo.

HADES: (*insistente*) Esta fruta es muy dulce, Perséfone. Pruébala y verás. ¡Te lo suplico!

PERSÉFONE: (*echándose hacia atrás en señal de rechazo*) ¡Jamás! ¡Esa es la fruta de los muertos! Llévame de nuevo a mi casa, Hades. ¡Quiero abrazar a mi madre! ¡Quiero volver a sentir el sol en mi rostro! ¡Quiero ver cómo crecen las flores! ¡Quiero oír el susurro de las hojas en la brisa!

HADES: (*sacudiendo la cabeza con obstinación*) De ninguna manera. ¡Tú serás mi reina!

CAMPESINO: (*al público*) Todos los días, Hades visitaba a Perséfone con una canasta de granadas y otros regalos, como joyas y sedas espléndidas.

HADES: (*mostrándole las joyas*) ¡Estas joyas brillan como el sol, Perséfone! ¿No te gustan sus destellos?

PERSÉFONE: (*echándose hacia atrás en señal de rechazo*) Tú me ofreces piedras frías mientras yo solo anhelo la calidez de mi madre. ¡Ay, Hades, no quisiera estar en tu lugar cuando Deméter descubra que me has encerrado en este lugar oscuro!

Tercera escena

La búsqueda

Deméter corre por los prados y los bosques en busca de su hija Perséfone.

DEMÉTER: (*gritando*) ¡Perséfone, hija mía! ¿Dónde estás?

CAMPESINO: (*al público*) Día tras día y semana tras semana, Deméter buscó a Perséfone por todas partes. ¡Deambuló hasta el fin del mundo en busca de su hija! Pronto, la pena comenzó a transformar la apariencia de la bella diosa. El cabello dorado se le volvió gris y la espalda se le encorvó. La Tierra también comenzó a cambiar. Un día, mientras Deméter lloraba desconsolada bajo una higuera marchita, oyó una conversación entre dos aldeanos.

ALDEANO 1: Espero que Perséfone aparezca pronto. Nuestra Tierra ha perdido su verdor. Las flores y los árboles se mueren. El suelo está demasiado duro para el arado.

ALDEANO 2: (*con preocupación*) Es cierto, los cultivos no germinan... ¡Si todo sigue así, pronto moriremos de hambre!

CAMPESINO: (*al público*) Deméter miró a su alrededor y comprobó que los aldeanos decían la verdad. Eso la entristeció aun más. Tenía que encontrar a Perséfone antes de que fuera demasiado tarde. Decidió retornar al prado donde la había visto por última vez. Allí se encontró con Helios, el dios del sol.

DEMÉTER: Helios, ¿sabes tú qué ha ocurrido con mi hija Perséfone?

HELIOS: No, Deméter, lo siento. Pero tal vez te convenga hablar con el niño que cuida sus cerdos en aquel campo.

(Helios llama a un niño campesino, que se presenta ante la desconsolada Deméter.)

DEMÉTER: Dime, pequeño, ¿sabes tú qué ha ocurrido con mi hija Perséfone?

CAMPESINO: (*al público*) Como ya saben, ese niño era yo. Le conté a Deméter sobre la grieta que se había abierto en la Tierra y se tragó a mis cerdos. Le conté que Hades había atrapado a Perséfone y había desaparecido con ella camino al inframundo.

DEMÉTER: (*furiosa*) ¿Hades se llevó a mi hija adorada? ¡Ya verán cómo se arrepiente!

CAMPESINO: (*al público*) Deméter corrió hacia el Monte Olimpo y se plantó ante Zeus, el dios todopoderoso. Le contó todo lo que había hecho Hades. ¡Nadie la había visto jamás tan enojada!

DEMÉTER: Hasta que no me devuelvan a Perséfone, ni un solo brote saldrá de la Tierra. ¿Entiendes lo que significa eso, Zeus?

ZEUS: Lo entiendo, Deméter. ¿Pero lo entiendes *tú*? Los seres humanos no pueden vivir sin sus cultivos. Los animales morirán. La Tierra quedará reseca y oscura. ¿Es eso lo que quieres?

DEMÉTER: ¡Lo que yo *quiero* es que me devuelvan a mi hija!

CAMPESINO: (*al público*) Zeus se conmovió al ver el sufrimiento de Deméter. No quería que murieran los habitantes de la Tierra. Estaba enojado con Hades por el dolor que habían causado sus actos.

ZEUS: (*gritando*) ¡Mensajero! Ve al inframundo y dile a Hades que libere de inmediato a Perséfone. ¡Es una orden! ¡Si la desobedece, sentirá todo el peso de mi furia!

(El mensajero se presenta ante Zeus, toma nota de la orden y sale a toda prisa.)

ZEUS: (*volviéndose hacia Deméter*) Perséfone volverá antes del anochecer, Deméter. Ahora vete a tu casa y espérala.

Cuarta escena

Tan solo unas semillitas

El mensajero llega al inframundo y comunica la orden de Zeus. Apenas la oye, Hades sabe que esta vez deberá despedirse de Perséfone. Cuando entra en su habitación, ve a la joven con una granada en las manos.

HADES: Perséfone, Zeus me ha ordenado que te deje ir. Eres libre de regresar con tu madre.

PERSÉFONE: (*esperanzada*) ¿Lo dices en serio? ¿Puedo irme de este sitio oscuro para no regresar jamás?

CAMPESINO: (*al público*) Mientras Perséfone hablaba, Hades notó que la joven tenía una semillita roja de granada en la comisura de la boca.

HADES: (*acercándose*) Perséfone, ¿comiste granada?

PERSÉFONE: Sí, pero tan solo unas semillitas.

HADES: (*apenado*) La granada es la fruta de los muertos, Perséfone. Si ya la has probado, deberás regresar un día al inframundo.

PERSÉFONE: (*asombrada*) ¡No, Hades! ¡No puede ser! ¡Si tan solo comí unas semillitas!

HADES: (*sacudiendo la cabeza*) Me temo que es así, Perséfone. Y aunque desee en el alma que seas mi reina, realmente lo siento mucho. Porque ahora veo cuánto dolor te he causado.

La división del tiempo

CAMPESINO: Liberada del inframundo, al menos por un tiempo, Perséfone se apresuró a volver con su madre. Apenas la vio, Deméter se transformó otra vez en una diosa dorada. La Tierra reverdeció en un instante. De inmediato florecieron los prados, los árboles se llenaron de hojas que susurraban en la brisa y los campos se cubrieron de cultivos.

DEMÉTER: (*feliz*) ¡Mi adorada Perséfone! ¡Jamás permitiré que vuelvas a alejarte de mi lado!

DEMÉTER: (*triste*) Madre, me temo que traigo malas noticias. En el inframundo probé una granada. Y tan solo por eso, tarde o temprano deberé regresar con Hades.

(Madre e hija se abrazan y lloran. Conmovido por la escena, Zeus se presenta ante ellas.)

ZEUS: No lloren más. He decretado que Perséfone solo volverá al inframundo durante una parte del año. El resto del tiempo se quedará junto a ti, Deméter.

DEMÉTER: (*agradecida*) ¡Oh, Zeus, eres tan bondadoso!

PERSÉFONE: ¡Te lo agradezco de todo corazón, Zeus! Pasaré de buena gana un tiempo en el inframundo si sé que después puedo volver con mi madre.

CAMPESINO: (*al público*) Y desde entonces, todos los años Perséfone se despide de su madre por unos meses. Durante ese tiempo, que llamamos invierno, nada crece sobre la Tierra. Cuando Perséfone regresa del inframundo, la primavera viene con ella. La Tierra vuelve a ser verde y abundante. Y Perséfone la recorre, dejando una estela de flores a su paso.

Respuesta a la lectura

Resumir

Usa detalles importantes para resumir lo que ocurre en *Deméter y Perséfone*.

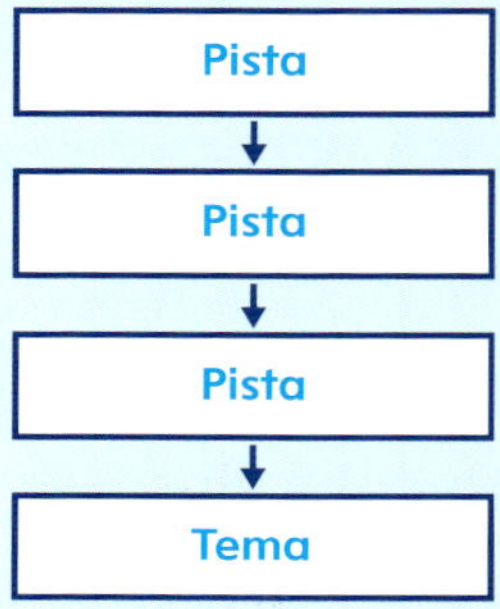

Evidencia en el texto

1. ¿Cómo sabes que *Deméter y Perséfone* es un drama?

   Género

2. ¿Cuál es la idea general que relata el drama? **Tema**

3. Usa claves en las oraciones para deducir qué significa la palabra *pena* en la página 8.

   Claves en la oración

4. Cuenta por escrito qué ocurrió cuando Perséfone probó la granada. Incluye detalles sobre las consecuencias que tuvo ese acto para Deméter y Perséfone.

   Escribir sobre la lectura

Género Texto expositivo

Compara los textos

Aprende más sobre la granada... ¡que es una fruta de verdad!

GRANADAS

La granada tiene el tamaño aproximado de una naranja grande. Esta fruta puede crecer en muchos lugares y climas diferentes.

La granada está llena de semillas comestibles.

Las granadas crecen en árboles pequeños que parecen arbustos. Se desarrollan en etapas. Primero sale una flor de un intenso color anaranjado-rojizo. Parte de la flor se convierte en fruto. Cuando madura, la granada se vuelve roja y pesada. Tiene una cáscara gruesa de aspecto suave y reluciente.

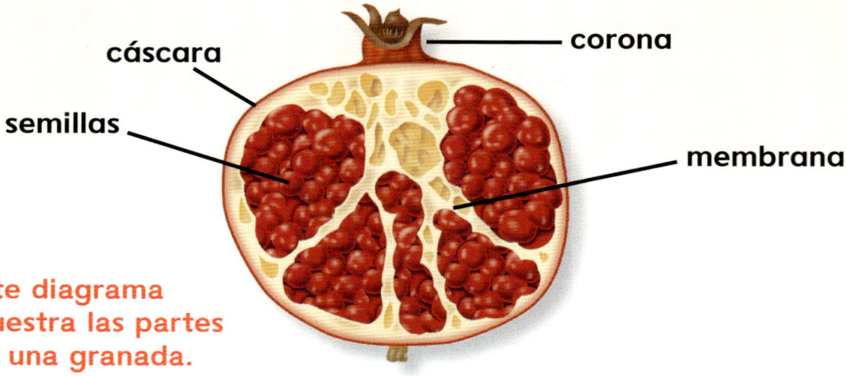

Este diagrama muestra las partes de una granada.

Cómo comer una granada

1. Corta el extremo donde está la corona.
2. Haz varios cortes suaves sobre la cáscara desde el extremo superior hasta el inferior.
3. Deja la fruta en remojo durante 5 minutos.
4. Sujétala bajo el agua mientras la partes en gajos. Las semillas se irán al fondo; la cáscara y la membrana flotarán en la superficie.
5. Extrae la cáscara y las semillas del agua.
6. Cuela las semillas. Escúrrelas y palmea el colador para quitar toda el agua. Después... ¡disfruta la fruta!

Esta antigua vasija tiene forma de granada.

La granada ha aparecido en las artes y la literatura durante miles de años. Contiene vitaminas y minerales que son buenos para la salud. Por eso muchas personas la consideran una "superfruta".

Haz conexiones

¿En qué se parece *Deméter y Perséfone* a otros dramas que hayas leído? **Pregunta esencial**

¿Qué cosas te gustaron de este drama? ¿Cuáles no te gustaron? **El texto y otros textos**

Enfoque: Género

Drama Un drama es un relato que puede representarse en un escenario. Cuenta una historia a través de diálogos entre los personajes. Los dramas suelen estar divididos en escenas. En cada escena se describe el lugar donde transcurre la acción.

Qué buscar Los protagonistas de *Deméter y Perséfone* son dioses y diosas. El diálogo indica cuándo habla y qué dice cada personaje En algunas escenas hay acotaciones que agregan detalles sobre lo que sienten y hacen los personajes.

Tu turno

Planea tu propio drama sobre el origen de un fenómeno natural. Haz un mapa del texto con la descripción de los personajes, el ambiente y los sucesos de cada escena. Después, escribe una de las escenas.